ARNAUD MATTOSO

PLANEJAMENTO EM COMUNICAÇÃO INTERNA

Integrando procedimentos teóricos e práticos

Copyright @ 2018 vedas edições
Copyright @ 2018 arnaud mattoso

CONTATOS
vedasedicoes.com.br
vedasedicoesprime@gmail.com

Todos os direitos reservados ao autor.
Grafia atualizada segundo o Acordo Ortográfico da Língua.

Editor
Arnaud Soares Mattoso

Revisão
VEDAS Edições

VEDAS Edições
Rua Alcides Carneiro Leal, 71/603 A
Pina – Recife/PE 51.011-200
55 81 99754.5658
arnaudmattoso@gmail.com

"O problema de comunicação é sempre atribuído à empresa. Precisamos lembrar que a empresa é uma entidade abstrata. Sem as pessoas ela não existe. Portanto, é evidente que o problema de comunicação está nas pessoas".

Analisa Brum, Endomarketing Estratégico

CONCEITO

O QUE É A COMUNICAÇÃO INTERNA?

Toda a comunicação executada entre a organização e os seus diversos públicos internos, sejam eles:

1 Departamentos, órgãos, unidades;

2 Entre as pessoas que compõem o item anterior;

3 Entres lideranças desses itens;

4 Entre os colaboradores e as lideranças diretas, como supervisores e gerentes; e indiretos, como diretores e presidentes.

INTRODUÇÃO

A **Comunicação Interna** faz parte da **Comunicação Empresarial**, onde constam a Comunicação de **Marketing** e a **Institucional**.

A **Comunicação Empresarial** é a forma planejada e integrada de comunicação entre a organização e os seus públicos de interesses, representada pela Comunicação Interna, Institucional e de Marketing.

Comunicação Interna (C.I.)

Ferramenta estratégica para melhorar o fluxo de informações da organização com seus públicos de interesse.

Endomarketing

Parte integrante da C.I. com fins motivacionais ao público interno e aplicado pelo departamento de Recursos Humanos junto ao de Marketing e Comunicação.

Comunicação de Marketing

Ferramenta estratégica com fins mercadológicos para a criação de demanda para os produtos e serviços da organização.

Comunicação Institucional

Ferramenta estratégica usada para fortalecimento da marca e da imagem da empresa, sem a necessidade de vincular a marca aos produtos ou serviços da organização.

Qual a relevância da Comunicação Interna para a Comunicação Integrada nas organizações?

Segundo citação de Philip Kotler, em sua famosa série de livros "Administração de Marketing" (Ed. Prentice Hall), "o Marketing interno requer o esforço de todas as pessoas da organização envolvidas nos conceitos e objetivos do Marketing e na escolha, na prestação e na comunicação de valor para o cliente".

Como veremos adiante, o Endomarketing, neste contexto, contribui no desempenho da comunicação empresaria integrada com o fator motivacional. Esta ferramenta atua no desenvolvimento qualitativo profissional do público interno das organizações.

Quando se fala em comunicação integrada e planejada, fala-se dos diversos fatores externos que atuam, direta ou indiretamente, sobre os colaboradores. Isso inclui os familiares, pois as decisões tomadas dentro da organização têm consequência direta na família. Além disso, ao se falar em "clima positivo" na organização, deve-se também supor que as situações difíceis na empresa como, por exemplo, uma crise de imagem deva ser debatida de forma transparente pela Comunicação Interna.

Se pensarmos no "escândalo das empreiteiras" na operação Lava Jato, temos um exemplo notório de como algumas das grandes marcas do importante setor produtivo foram afetadas em credibilidade. Claro que essas empresas tiveram ações internas para lidar com a situação e fazer com seus colaboradores tivessem orgulho, novamente, em andar com a farda e a logo da empresa do peito.

FOCO NA COMUNICAÇÃO INTERNA

Qual a estrutura ideal de um departamento ou assessoria em C.I.?

O mundo ideal nem sempre é o da realidade prática possível.

Neste capítulo, vamos apresentar o que seria a estrutura ideal para que o gestor possa adapta-la à realidade da organização.

Primeiro é preciso entender que C.I. deve cuidar exclusivamente de comunicação.

Desta forma, os profissionais envolvidos nas atividades devem estar bem escalados e capacitados com as novas tecnologias e procedimentos da comunicação moderna; sobre o tratamento com o público-alvo interno, assim como da carteira de clientes da empresa.

COLABORADORES:

1 - **Relações Públicas (RP).** Atua com técnicas de relacionamento entre organização e públicos-alvo internos e externos. É capacitado para organizar e executar eventos com os públicos de interesse da empresa, assim como atuar na comunicação institucional – valorização da imagem, marca e produtos/serviços da empresa – e na comunicação de marketing.

Para o público interno, o R.P. atua em planejar, organizar, dirigir, controlar e avaliar:
- O uso de veículos de Comunicação Interna como *house organs*, *news letters*, murais,

reuniões, dinâmicas de grupos, cafés da manhã, entre outros eventos afins;

- todos os tipos de eventos da empresa;

- pesquisas internas de avaliação da C.I.

- gerenciamento de crise entre empresa e público interno e ouvidoria.

Nota: percebe-se nas atividades atribuídas ao R.P. alguma similaridade com as ações do profissional em Recursos Humanos (R.H.). No entanto, o R.P. é mais capacitado a executar ações de C.I. como a produção de textos e projetos gráficos dos boletins informativos e das *news letters*. Assim como os eventos e às atividades de grupos.

2 – Profissional de publicidade e propaganda; ou propaganda e marketing, todos com capacidade de atuar com design gráfico e mídias digitais.

Entre as funções que estes profissionais podem desenvolver estão à criação de material institucional interno como folders, cartazes, logomarcas específicas para eventos, entre outros.

Criação de materiais informativos e de campanhas motivacionais de Endomarketing;

Colaborar na elaboração da C.I. com ideias e com a produção de imagens que impactem a mensagem que a organização que passar;

Desenvolver, atualizar e modernizar layouts de intranet, site, portal, redes sociais, murais e demais materiais publicitários ou de propaganda que utilizem imagens e cores.

Nota: É preferencial que o profissional de publicidade e propaganda seja capacitado em design gráfico. Caso contrário, a empresa deverá ter um profissional específico. A diferença entre ambos é que o profissional de publicidade está capacitado para criação e o design gráfico em executar as ideias. A junção de ambas as habilidades é o mundo ideal.

3 – Profissional em Jornalismo.

Para lidar com a Imprensa, releases, análises de notícias, produção de conteúdo. As técnicas do jornalismo são específicas e inerentes à profissão, desde as técnicas de redação até as questões éticas. Este profissional está habilitado para lidar com os profissionais que atuam no mercado em veículos de comunicação, nas redações ou em portais da internet; e para preparar releases que serão distribuídos como pautas ou matérias prontas, assim como receber para entrevistas individuais, coletivas de imprensa, entre outras atividades afins da comunicação empresarial.

Principais atividades

- Assessoria de Imprensa A.I.;

- Jornalismo empresarial (diferenciado do jornalismo de redação);

- Textos jornalísticos (releases) para veículos de comunicação;

- Execução e análise de clipping (resumo de notícias da empresa ou de interesse dos gestores);

- House organ, boletim informativo, newsletters, murais;

4 – Secretária Executiva

Alguém precisa cuidar de tudo. Mesmo. Profissional essencial para organizar a bagunça que os outros fazem. Entre as muitas principais funções, a mais importante é a de manter o departamento em ordem e fazer com que as ações sejam cumpridas, além de apagar os incêndios de egos entre os profissionais e manter a comunicação fluindo entre eles e os gestores. Dê preferência às secretárias bilíngues em inglês.

Atividades

- contatos em geral entre públicos internos e externos;

- organizar e agendar reuniões;

- agenda atualizada de telefones e endereços de contatos;

- compra de passagens, reserva de hotéis, orçamentos, etc

- de um modo geral: manter organizado o departamento de C.I.

5 – Estagiário

De preferência, em uma das áreas da comunicação: jornalismo, publicidade e propaganda, design gráfico, marketing, relações públicas. Tudo depende da demanda e das necessidades da empresa e do departamento. As principais funções do estagiário é apoiar, de forma técnica, os profissionais nas tarefas do dia a dia e, assim agregar conhecimento prático à formação profissional. Seja executando, seja observando.

A Gestão da Comunicação Interna

O gerenciamento da C.I. consiste em manter funcionando todos os processos de divulgação interna das informações relacionadas aos negócios da empresa. Estes processos devem envolver:

- Informações detalhadas sobre os novos produtos desenvolvidos pela empresa: benefícios, diferenciais, promessas ao mercado e características gerais. O cliente interno deve conhecer bem o que a empresa oferece ao mercado para poder defendê-la.

- Características dos serviços que a empresa oferece ao mercado: o que é, como funciona, benefícios, preços, outros;

- Informações sobre as campanhas de comunicação e marketing da empresa e os resultados esperados;

- Características dos clientes e eventuais mudanças e comportamentos em relação às compras de produtos e serviços da empresa;

- Ações institucionais realizadas pela organização nas áreas sociais, ambientais, culturais, esportivas, outros;

- Informações sobre pesquisas e o comportamento dos clientes atuais e as tendências futuras do mercado.

- Todas as ações de marketing e comunicação da empresa.

OBS 1

O **Gerenciamento da Comunicação Interna** depende de atividades internas da organização e da inciativa em realizar algumas das ações descritas. Já o **Gerenciamento de Atitudes** é contínuo e está ligado às ações de **Endomarketing**, como veremos no Capítulo destinado ao tema.

No entanto, ambos os tipos de gerenciamento estão ligados aos processos motivacionais do Endomarketing. A razão é simples. O colaborador bem informado se sente valorizado na organização, não importa o nível de ocupação. Quanto mais ele toma conhecimento sobre os negócios da empresa, mais terá a iniciativa motivacional em defender a marca, a empresa e os produtos desenvolvidos por ela.

As Técnicas e os Canais de C.I.

Há diversas possibilidades de executar a Comunicação Interna nas organizações. A questão é como fazê-la sem cometer os erros tradicionais e corriqueiros como não atualizar Murais, sobrecarregar egos de diretores e insistir em divulgar informações irrelevantes para o corpo funcional. Saber utilizar as técnicas e os canais dentro da empresa é fundamental para um bom programa de C.I. e Endomarketing.

CANAIS DE COMUNICAÇÃO INTERNA

PUBLICAÇÕES INTERNAS

(*house organ*, boletins informativos, jornais, revistas).

Como diz o nome, são publicações – impressas ou digitais – voltadas ao público interno das organizações. Na era digital, melhor manter o foco em publicações digitais, pela lógica do custo-benefício, da inovação e da eficiência.

É impensável executar tiragens impressas mensais, quando se tem mais eficiência na comunicação com a distribuição em rede, inclusive pelas questões socioambientais do uso do papel. A metodologia que envolve periodicidade e design vai de acordo com a organização.

Algumas considerações sobre as **publicações internas**:

As formas mais usadas são boletins informativos com poucas páginas (entre 2 a 8 páginas); e, definitivamente, pouco se ouve do colaborador para compor o conteúdo. Esta é apenas uma regra geral que tem a ver com a agilidade da produção e que varia de acordo com a visão organizacional dos gestores e da equipe de comunicação;

Responsável

O setor de comunicação é o órgão responsável pela produção de conteúdo e design; e deve obrigatoriamente passar pela aprovação hierárquica da empresa. Como este segmento, muitas vezes, é terceirizado, há pouco envolvimento com os colaboradores. Então, os gestores costumam ser as fontes dos departamentos.

Naturalmente, há os "personagens", os funcionários em destaque que estão se aposentando, "do mês", atingiu a meta, etc. É a forma mais bem acabada de Jornalismo Empresarial, onde a veracidade da fonte é a verdade absoluta para o público leitor. Sem questionamentos, nem entrelinhas.

Periodicidade

Varia de acordo com a empresa, o tamanho dela, o número de colaboradores e dos seus objetivos. Em regra geral, a periodicidade segue o seguinte padrão: mensal para jornais, bimestral (duas vezes ao ano) e trimestral para revistas e semanal ou quinzenal para boletins.

Tiragem

A quantidade de exemplares impressos. Assim como a periodicidade, este item está ligado ao tamanho, à capacidade financeira e à quantidade de colaboradores da organização.

Vejamos o exemplo de uma empresa com cem funcionários. A tiragem mínima será esta, uma vez que cada um deve receber seu exemplar e este deve ser lido por, pelo menos, mais uma ou duas pessoas. Caso a empresa deseje que o boletim impresso atinja o público externo – fornecedores, terceirizados, outros – deve dimensionar para este alcance.

Como a recomendação atual de redução de custos e de práticas sustentáveis e ambientalmente corretas para a publicação digital, a tiragem é não se aplica. Neste caso, o mais importante é o número de visualizações, compartilhamentos e comentários. Estes dados estão ligados ao Marketing Digital.

Pauta

São as temáticas, os temas ou os assuntos (notícias) a serem abordados àquela edição específica. Sem dúvida, precisa ter alguma importância para o público-alvo, ou seja, os funcionários e terceirizados da empresa. Isso quer dizer que a Pauta deve ir além de temas de interesse da "direção" e abordar fatos que digam respeito aos funcionários e os motivem à leitura.

Incentivar a participação de todos sugerindo pautas é o mundo ideal, na prática é mais difícil. Mas vale manter o otimismo. Parte do êxito é da gestão acreditar nisso, a outra da equipe que executa os veículos de comunicação interna.

Segmentação

Outra possibilidade interessante, porém mais trabalhosa e de produção mais cara é segmentar os house organs de acordo com o perfil de cada departamento.

Isso significa a criação de conteúdos específicos de acordo com o interesse de cada departamento. Sem dúvida, uma iniciativa brilhante com resultados positivos, mas que necessita de maior demanda de tempo e maior custo.

Rádio Corporativa Interna

Sofisticado, mas nem tão caro com as novas tecnologias digitais. Tem grande alcance, mas é indicado para organizações de grande porte ou lojas de varejo para entreter, informar e criar demanda imediata do tipo "promoção compre agora" para os clientes.

Memorandos

"Memo" é a palavra abreviada. O documento ajuda a "manter a memória" da organização com observações sobre determinado tópico ou evento. Pode ser escrito em qualquer formato ou ter formato específico e acordo com a empresa.

É um meio de informação interna de linguagem clara, direta, objetiva, coesa e textos curtos para facilitar o entendimento, de comunicação interna formal, técnica e profissional; eficiente e sóbria, sem espaço para distrações.

Deve transmitir a mensagem com finalidade específica. Faz parte dos objetivos do memorando passar informações, sugestões de providências, notificações.

O modelo varia de acordo com a instituição e há diversos disponíveis em plataformas na internet. A estrutura deve conter timbre, endereço, número, data, remetente, destinatário, assunto, texto, assinatura.

Marcosoft Informática

Memorando

Para: Funcionários Marcosoft Informática
De: Gerente Geral
Data: 26 de abril de 2013
Ref.: Limpeza da mesa de trabalho

Olá,

Venho por meio deste solicitar a colaboração de todos com a limpeza do local de trabalho. Peço que ao terminar suas rotinas cada um limpe sua mesa, fazendo essa simples ação você estará colaborando para o bem estar de todos.

Grato,

Marcos V. S. Correa, Gerente Geral

Observações:

- Não use carimbo em comunicações internas;

- Se o nome da pessoa que está enviando já se encontra no cabeçalho, não é preciso repeti-lo na assinatura;

- O memorando dispensa o vocativo e o fecho de cortesia;

- Em geral não se usam expressões como "atenciosamente", mas sim "grata", "grato", "gratos" (em nome do departamento).

Relatórios

Assim como os Memorandos, os Relatórios têm a sobriedade como estilo de mensagem. O conteúdo, porém, é diferente, uma vez que foca sobre um projeto ou algo mais técnico com objetivos de melhorar processos relacionados a produto ou serviço da organização.

A linguagem é formal, técnica, e envolve processos realizados com uso de tabelas, gráficos e anexos (**que nunca se usa em memorandos**). Os documentos têm conteúdo específico para um determinado público que pode ser individual ou organizacional.

Em regra geral, serve para apresentar resultados de trabalhos. Os relatórios são usados na educação, ciência, governo, negócios, entre outros.

E-mail ou "correio eletrônico"

Um e-mail é um documento. A ferramenta tem cerca de trinta anos e hoje substituiu não apenas as cartas escritas à mão ou impressas, mas é aceita em tribunais como documentos comprobatórios.

Eficiente, ágil e de custo zero deve ser usada sem receio pelas organizações. Ah! Nos primórdios, era chamada de "correio eletrônico". Faz sentido, não acha?

Curiosidade

E-mail significa *electronic mail*, ou seja, correio eletrônico. Os endereços vêm com "@" (arroba), logo depois do nome do usuário. Em inglês, arroba é *"at"*, que significa "em" ou que o usuário está "em" um determinado domínio. O e-mail foi inventado por Ray Tomlinson, programador dos Estados Unidos, em 1971, quando usou a ARPANET (a rede de computadores que deu origem à Internet como conhecemos hoje) para fazer envio e leitura de mensagens simples. Só em meados dos anos 1990 que começaram a surgir os primeiros serviços de hospedagem. Na verdade, já era normal que você recebesse o seu próprio e-mail quando assinasse algum provedor. O primeiro email gratuito foi o Hotmail, feito por um indiano chamado Sabeer Bhatia. A intenção era a de criar um email baseado na Web. Dessa forma, qualquer um poderia acessar o seu correio eletrônico de qualquer computador. Em

1997, Bhatia vendeu o Hotmail para a Microsoft pela generosa soma de 400 milhões de dólares. Hoje, chamado de Windows Live Hotmail.

Fonte: www.tecmundo.com.br

Observações

Algumas empresas e pessoas tendem a substituir envio de informações e arquivos do e-mail pelo *whats app*, outra ferramenta perfeita que vamos abordar mais adiante. Porém, no mundo corporativo, o uso do e-mail como ferramenta de comunicação e transmissão de arquivos, dados e informações, é mais elegante e tem a garantia do arquivamento em pastas. Para urgências, o *whats app,* além do velho e bom telefone celular são boas ferramentas a serem usadas. Procedimentos empresariais garantem o bom senso no uso de e-mails, tanto quanto o de redes sociais.

Whats app

Alguém ainda não usa? Sim. Recentemente, após uma reunião de almoço com dois importantes empresários, peguei o número de um deles e perguntei "se é do what's". Ouvi: "não uso isso". Eis um rebelde digital.

A ferramenta revolucionou a comunicação de dados e o uso da voz declinou em mais de 70% de acordo com números de março de 2018, da Anatel. Não é de espantar, pois a ferramenta atende a todas as expectativas em simplicidade, eficiência, custo benefício e praticidade na comunicação.

Como uso de Comunicação Interna é perfeito ao se formar um grupo para cada departamento. Porém, há algo que todo gestor precisa estar atento sobre a formação de grupos de what's app: a produtividade. Já foi provado que smatphone vicia e que o "barulhinho" e a "luzinha acesa" liberam dopamina (**neurotransmissor do sistema nervoso, conhecida como o neurotransmissor do prazer. Sua função principal é ativar os circuitos de recompensa do cérebro**).

Isso quer dizer um atrativo forte para a checagem constante de mensagens e, claro, isso reflete na produtividade, no desvio de atenção, entre outros fatores que possam tirar o "foco do serviço". Uso da tecnologia e da inovação deve ser estimulado em todos os ambientes da organização, assim como o bom uso e controle deles.

O gestor que forma grupos corporativos de *what's app* precisa estabelecer regras claras sobre comportamento, conteúdos e a utilidade da ferramenta para o trabalho. Ou seja, com objetividade e assuntos pertinentes às atividades do grupo. Fora disso, divirta-se com os amigos e familiares.

Newsletters

Boletim informativo digital enviado por e-mail (mail list) para público de interesse ou segmentado. Pode vir como artigo ou mesmo disponível no site da empresa.

Regras

- Não deve ser longo demais (entre dez e vinte linhas), nem vir anexado e sim colado ao corpo do e-mail;

- Para informações extras, informar a fonte, link ou telefone para contato;

- Caso seja mais de um artigo, usar separação por linha contínua ou tracejada;

- Caso seja enviado mais de um artigo, recomenda-se incluir no início da página os títulos para facilitar a escolha da leitura;

- Oferecer um aspecto visual simples e agradável à leitura para evitar "truncagem" do texto por causa de configurações HTML. Também evitar imagens "pesadas" que se tornam lentas para carrega-las.

- Mantenha alguma periodicidade semanal ou quinzenal, sempre com assuntos relevantes, de interesse público;

- Cuidado com propagandas em excesso. Tudo ao seu tempo.

Modelo (bem) prático

Destinatário
Empresa (remetente)
Assunto (títulos)
Data (de envio)
Título 1
Título 2
Título 3
Texto referente ao título 1
Nome da empresa
Link – contatos / fontes

Murais

O antigo modelo de comunicação visual, de baixo custo e fácil manutenção, é uma eficiente ferramenta analógica que o gestor de marketing e comunicação não deve abrir mão. É necessário apenas evitar falhas que algumas empresas cometem. Vejamos os procedimentos para o bom uso:

- Mural é um elemento visual, então precisa ter bom *lay out* e estar visível em lugares de grande movimentação;

- A quantidade de Murais vai depender do tamanho da organização. Bom senso é fundamental;

- Determinar qual tipo de informação será fixado no Mural; de preferência, de interesse do público interno, mesmo que não seja notícia ligada diretamente à empresa;

- Determinar uma pessoa ou um departamento (de preferência de comunicação, marketing ou RH, pelo bom senso). Nunca permitir que qualquer pessoa tenha acesso a colar informações aleatoriamente. O uso do vidro é interessante;

- Manter prazos de recolhimento e triagem e evitar notícias velhas, em especial de eventos que já ocorreram. À medida que o tempo passa, as pessoas se acostumam com o mesmo lay out com as notícias e perdem o interesse. Este é um desafio para o gestor de comunicação: manter ativado o olhar do colaborador sobre o Mural;

- Fazer trabalho de conscientização com os funcionários para que leiam e participem do processo, sugerindo e levando informações. Isso não quer dizer o funcionário colando a notícia. Este estímulo de levar a pauta, e depois vê-la publicizada no Mural, cria hábitos positivos para a comunicação interna.

Intranet

A Coréia do Norte levou a intranet tão a sério que em todo o país é a única internet que você encontra na terra da dinastia Kim Jon.

Piadinha à parte, a intranet é a rede de comunicação online com os mesmos princípios de comunicação da internet, só que voltada para dentro da organização.

Vantagens

- Comunicação ágil, porque as informações circulam de forma rápida e eficiente;
- Funciona para pesquisas junto ao público interno;
- Traz informações de cultura e entretenimento;
- É relativamente segura de invasões externas;
- Gerenciamento é feito por técnico em informática;

- Conteúdo de relatórios; informações da empresa, manuais, campanhas, cronogramas, cursos, entre outras informações relevantes para o corporativo.

Entrevistas individuais e coletivas

Conversa planejada com pessoas e departamentos, seguindo processo estruturado, com apoio do R.H. para sondar opiniões, obter informações, fatos, sentimentos coletivos sobre a empresa, gestores, marca, produtos. Entender o colaborador interno ajuda na gestão da empresa pra atuação ao público externo.

Dicas

- Organização formalizada com perguntas preestabelecidas;

- Parcialmente formalizada, mas sem tema definido, com as perguntas sendo alteradas ao longo da entrevista;

- Painel: várias pessoas entrevistam.

ENDOMARKETING

Os 3 pilares do endomarketing

O "marketing para dentro" ou "ações de marketing para o público interno de empresas", segundo definição de Saul Faingaus Bekin. O conceito de Endomarketing caminha junto com a Comunicação Interna no objetivo de aperfeiçoamento da gestão de comunicação do público interno com o fator motivacional.

Enquanto a C.I. procura melhorar o fluxo de informação organizacional, o Endomarketing usa ferramentas da psicologia para "manter a tropa motivada", ou seja, tem objetivos motivacionais.

A Comunicação Interna faz parte do Endomarketing, como uma ferramenta de sustentação para que os objetivos motivacionais do Endomarketing possam ter eficácia. Como seria possível aplicar a Gestão Motivacional sem aplicar de forma eficiente a Comunicação Interna (C.I.)? Já C.I. independe do Endomarketing para existir, porque a comunicação dentro da empresa sempre existirá. O que diferencia é a eficiência e o planejamento.

A Comunicação Interna irá existir independente de um programa de motivacional. Isso não quer dizer que a Comunicação esteja sendo eficiente. O programa de Endomarketing ajuda a torná-la melhor, quando motiva o colaborador da própria importância no processo da comunicação organizacional.

A interação entre ambas as ferramentas é o conjunto perfeito que compõe a Comunicação Integrada na empresa. Atuar em simultâneo traz melhores resultados do que aplicar programas individuais e esporádicos. Lembre-se: programas devem ser contínuos para a construção de resultados.

Por que aplicar o Endomarketing?

Para melhorar a qualidade da C.I. e gerar motivação dos funcionários. Isso traz melhores resultados nos processos administrativos finais e para o mercado.

Imagine que determinada empresa lance um produto e um cliente precisa tirar dúvida sobre uma promoção. Liga e ao ser atendido ouve: "eu não estou sabendo de nenhuma promoção".

Ou um colaborador em casa vendo TV e assiste ao comercial de um novo produto da empresa onde trabalha ou de alguma fusão.

O colaborador não deve saber por último, nem pela imprensa ou fontes externas. A informação deve vir de dentro privilegiando-o, fazendo-o sentir-se prestigiado.

Este é um aspecto importante das novas relações de trabalho, compreendidas pelo Marketing que fez a inclusão do 5º P ao Composto dos 4P's: Produto, Preço, Promoção, Praça e, agora, Pessoas.

Balão murcho

Quando o colaborador se sente desvalorizado pela organização, tende a falar mal dela, a reclamar, a se desmotivar, como no clássico teaser do "balão murcho", no qual o recém-contratado entra cheio de gás na empresa e, com o passar dos anos, vai murchando à medida que a realidade se apresenta como desmotivadora.

Quando o público interno é valorizado pela gestão da empresa, do C.E.O. à chefia direta, a tendência é o colaborador desempenhar melhor as suas funções.

O reconhecimento gera fatores emocionais positivos e, consequentemente, no atendimento ao cliente e no resultado final dos processos administrativos, dos produtos e serviços. Desenvolver ações motivadoras é o motivo da existência do Endomarketing.

Como fazer?

Há dois processos importantes na prática do Endomarketing:

Motivação e **Comunicação**.

Motivação

é representada pelas atitudes dos funcionários. O gerenciamento das atitudes significa acompanhar o desenvolvimento e motivá-los de forma planejada, usando as ferramentas adequadas por profissionais qualificados da área de Recursos Humanos, da Psicologia Industrial e afins.

Gestores "boa praça" que veem tapinhas nas costas, elogios, premiações esporádicas e destaque para o funcionário do mês como ferramentas de Endomarketing estão aplicando velhas práticas a novos tempos do mercado de trabalho. Seja por ingenuidade ou pela falta de recursos, esses procedimentos não são suficientes motivadores para assegurar a satisfação do público interno. São atitudes do passado que não respondem aos anseios das modernas relações trabalhistas.

A empresa também não pode ser responsável por toda a motivação de seus colaboradores. A automotivação é responsabilidade de cada funcionário, que deve procurar seus próprios mecanismos. Mas a empresa deve ajuda-lo a encontrar esses caminhos. Como? Atuando com a psicologia industrial que todo profissional de Recursos Humanos sabe aplicar:

Pensamento positivista

Existe algo mais depressivo do que alguém pessimista, que vê dificuldades e obstáculos em tudo? Afirmações positivas diárias ajudam a melhorar a autoestima, a atrair energias positivas e fazer o colaborador a enxergar saídas para questões e problemas pessoais aos quais, eventualmente, esteja lidando.

Os primeiros dias.

Eis uma dificuldade inerente a todo e qualquer colaborador, por mais desenrolado, descolado e comunicativo que seja. Criar relações no ambiente de trabalho requer tempo. A desconfiança é sempre uma sombra ao lado do novato até que este se mostre confiável. O mundo corporativo, independente do grau hierárquico, é competitivo. Não temos amigos, temos colegas. Não somos familiares de sangue, mas passamos grande parte de nosso tempo juntos. Até que a equalização das relações esteja sintonizada na mesma frequência há um período de adaptação. A empresa pode ajudar neste processo em primeiro lugar informando pela Comunicação Interna sobre o novo personagem. Claro que a depender do tamanho da empresa essa dinâmica precisa ser adequada à realidade específica.

Ver-se como fundamental como a peça da engrenagem

Mesmo o mais humilde funcionário tem sua importância numa organização. Desde o "invisível" trabalhador dos serviços gerais que limpa os banheiros até o C.E.O. há espaço para que todos tenham a sua valorização. Ninguém gosta de banheiro sujo, mas alguém tem que limpá-lo. Mostrar respeito aos mais humildes é tarefa que começa do mais alto escalão para que sirva de exemplo aos demais. O respeito ao trabalho do outro ajuda na manutenção da autoestima e da motivação.

Desenvolver a autocrítica

Um bom programa de R.H. no Endomarketing deve estimular a autoanálise sobre os processos desenvolvidos: as falhas, os acertos, onde poderia melhorar e como corrigir o que deu errado.

Metas e objetivos

É improdutivo trabalhar sem meta definida, metas em "aberto para dobrar depois". Não tente isso, a prática já mostrou que não dá certo. O trabalhador precisa de rotina diária, prazo para cumprir tarefas e metas a serem atingidas. Ao final, vem o sentimento de realização que é motivacional e inerente ao espírito humano.

Automotivação (Motivação Interior)

Todo funcionário tem responsabilidade sobre a própria motivação. Ele deve buscar estímulos que o façam querer continuar a jornada da vida profissional. A empresa deve ser parceira neste estímulo, oferecendo ambiente seguro e saudável.

O horário de almoço é item básico previsto nas leis trabalhista desde os tempos de Getúlio Vargas e variam de uma a duas horas. Seria impensável uma empresa funcionar com colaboradores famintos.

A depender do tipo de organização, como a Google, para pegar o exemplo mais bem acabado, algumas foram além deste item básico. A empresa mais valiosa de tecnologia da informação adotou vários sistemas modernos de agradar seus colaboradores como lounges para descanso, jogos esportivos, ambientes de interação e mais flexibilidades de horários e até vestimentas.

Voltando para a realidade brasileira e da maioria das organizações, grandes ou pequenas, a flexibilizar horários, de acordo com as novas leis trabalhistas, pode ser um passo importante para ter funcionários mais produtivos.

Nos anos 1980, o livro "Virando a própria mesa", de 1988, do empresário Ricardo Semler abordou a importância de mudar a forma com as empresas viam seus funcionários. Foi revolucionário para a época e continua sendo até os dias de hoje.

No entanto, por mais que a empresa seja colaborativa, a motivação pessoal é intransferível. O trabalhador deve buscar em suas próprias batalhas e em seus próprios demônios, a melhor maneira de crescer no mundo corporativo.

Motivação exterior (Motivação externa)

Como parte do fator motivacional depende do próprio funcionário, da qual a empresa não deve se abster de apoiar, a outra parte vem de fatores externos como as lideranças e o ambiente de trabalho para motivação do público interno.

O papel do líder é fator chave e liderança moderna não é aquela que comanda, mas a que inspira. a liderança não acontece pelo medo, mas pelo respeito hierárquico. O verdadeiro líder não precisa provas o tempo inteiro que é o "chefe".

O poder deve emanar de maneira natural, dentro da formalidade da relação profissional. As tarefas devem ser cumpridas não apenas pela obrigação, mas pela satisfação em cumpri-las. O trabalho deve ser realizado não apenas pelo dinheiro a ser recebido pelo serviço realizado, mas pela realização pessoal em finaliza-las. Na teoria, tudo é bem mais fácil do que na prática e na corrida do dia a dia no competitivo mercado de trabalho.

Mas é daí que se forjam as grandes lideranças do mundo corporativo. Os que comandam equipes e conseguem extrair delas o melhor de cada um, superando adversidades, dificuldades, egos e disputas interpessoais.

O líder como fator motivacional

É certo que existe uma evolução do papel do líder corporativo, possivelmente grande parte em multinacionais. A capacitação em ambientes acadêmicos de grande porte e a exposição da marca em nível mundial impõe novas posturas. Creio que o advento Steve Jobs também deixou marcas entro da Apple e fora dela.

A própria Google com sua gestão moderna e demais empresas do Vale do Silício elevaram o patamar da administração corporativa. O mundo digital também impôs mudanças nas relações trabalhistas.

Funcionário desmotivado, que não entende o processo da empresa onde trabalha, está limitado à própria atividade. Torna-se um colaborador sem crédito e pode até desenvolver alguma repulsa pelos demais produtos ou serviços da organização, aos quais não conhece porque nunca lhes foi apresentado.

O início para melhorar estas limitações é o uso da Comunicação Interna atuando com o Endomarketing. Isso deve gerar a Integração Empresarial, que deve abranger: Integração entre funcionários; Integração funcionário / empresa; Integração funcionário/ chefias;

Integração entre setores / departamentos. Veremos estes itens em detalhes mais à frente

Em resumo, o papel do líder sobre o fator motivacional do público interno é participar da integração empresarial de forma planejada, responsável, sustentável e sincera.

É preciso que este pensamento seja expansivo e verdadeiro; que a real intenção de executar as atividades de Endomarketing, como forma de motivar colaboradores, se perpetue; que não seja executado para depois ser esquecido; ou que as promessas não sejam cumpridas.

Assim como o mercado e os seus públicos alvos se ressentem de empresas que não cumprem promessas anunciadas em publicidade e propaganda, o corpo funcional também. O resultado é o descrédito e a desmotivação.

Processos motivacionais

O gerenciamento do Endomarketing envolve alguns processos a partir da:

Geração de ações proativas no público interno.

O estímulo deve partir dos níveis superiores aos níveis inferiores na hierarquia corporativa. O objetivo é fazer com que os funcionários sintam-se mais participantes e motivados no desempenho de suas tarefas. Isso ocorre diante do sentimento do colaborador sentir-se parte integrante da gestão e das mudanças e não apenas vendo-as acontecer.

O resultado é um maior comprometimento, a partir da conscientização de melhorar os serviços e aperfeiçoar os produtos, para atender melhor os clientes;

O desenvolvimento correto dos processos implica em maior comprometimento do público interno;

O funcionário se sentir valorizado em suas pequenas ações de proatividade que podem se tornar em grandes soluções para problemas internos da organização;

Incentivos à qualificação do público interno com cursos de aperfeiçoamentos;

Reunir todos os processos e transforma-los em ações planejadas de médio e longo prazo, de maneira sustentável e contínua, gerando orgulho, satisfação e bem estar no ambiente de trabalho.

Continuidade

O gerenciamento sobre as ações de Endomarketing devem sem contínuas, duradouras e com resultados práticos publicizados pela Comunicação Interna da organização.

Ações isoladas com períodos alternados não criam a base do ator motivacional suficiente para que resultados práticos que é a produtividade a partir da satisfação do colaborador em relação à empresa.

O fator motivacional também precisa ser gerenciado diariamente. O ser humano é instável. As alterações de humor e sentimentos alteram-se de um dia para o outro. Por isso, a importância de se avaliar os motivos da desmotivação em relação ao período e à frequência.

E fica o alerta: um colaborador desmotivado pode contaminar os demais. É uma engrenagem enferrujada em meio às peças lubrificadas. Saná-la significa melhorar o ambiente de trabalho.

GERENCIAMENTO DE ATITUDES

PROATIVIDADE

IMPORTÂNCIA DO CLIENTE

MAIOR COMPROMETIMENTO

COOPERAÇÃO E INTEGRAÇÃO

MOTIVAÇÃO CONSTANTE

Passo a Passo

A Implantação de Programa de Endomarketing

1 – Avaliação Interna

Obter um diagnóstico fiel sobre a dinâmica interna empresarial é a primeira etapa para iniciar um Programa de Endomarketing, seja qual for o tamanho e o número de colaboradores.

Não é tarefa simples. A desconfiança e o receio em revelar sentimentos, dar sugestões e, principalmente, fazer críticas ao ambiente de trabalho são um impedimento real. Contornar esta muralha é missão para profissionais com sensibilidade e técnica.

Este diagnóstico interno é feito com pesquisas formais e informais. Pesquisa formal é estruturada de forma qualitativa e quantitativa, por questionários aplicados aos funcionários da organização.

A pesquisa informal é feita com *checklist* nos setores e áreas com objetivo de avaliar a Comunicação Interna da empresa. Daí se gera um relatório que se junta aos dados da pesquisa formal

Sem avaliação interna é impossível traçar um plano de comunicação com ações motivacionais que se agreguem aos anseios, desejos e aspirações do público interno. Não adianta o

Boss, os diretores, gerentes ou meia dúzia de funcionários dizerem o que acham, o que pensam ou explicar o que precisam sem que toda a empresa seja ouvida. As informações quando transformadas em dados e tabuladas dão o traço científico necessário para a construção efetiva de um Plano de Endomarketing. Fora isso, é achismo.

A AVALIAÇÃO DEVE ABRANGER

1 - O nível de integração entre funcionários;

2 - O nível de integração entre departamentos;

3 - O nível de integração e relacionamento com clientes da empresa;

4 - O perfil dos funcionários em relação a: potencial, imagem que tem

da empresa, necessidades, expectativas, desejos e aspirações; grau de motivação;

5 - qualidade e quantidade de canais internos de comunicação (Checklist)

A implantação do ENDOMARKETING

depende desta análise sobre estes itens sob dois enfoques: a comunicação e a motivação. Os processos podem ser desenvolvidos pelo pessoal da empresa (Recursos Humanos, Marketing, Comunicação) ou por empresas terceirizadas especializadas. Qual a melhor opção?

Vamos avaliar alguns aspectos relevantes

- O processo desenvolvido apenas pelo "pessoal da casa" corre o risco de não se desenvolver corretamente, tendo aspectos mais negativos que positivos. Por exemplo: É possível que as necessidades não sejam sondadas corretamente, assim como outros aspectos motivacionais. Também há riscos de favorecimento de análises e sugestões para um ou outro departamento por questões pessoais. É difícil manter-se isento quando se é parte do processo. A falta de veracidade das informações também é outro fator importante a ser considerado, uma vez que funcionários podem temer repreensões por parte de setores superiores na hierarquia.

- O processo desenvolvido por empresa terceirizada (consultoria especializada) tem mais aspectos positivos e menores riscos de dar errado. Por outro lado, não vivenciam a "cultura" da empresa. A consultoria por não fazer parte da dinâmica diária, não tem afinidades com os grupos. Isso pode ser considerado positivo ou negativo de acordo com o ponto de vista de quem avalia a situação. Considero que o distanciamento ajuda a manter a frieza para uma avaliação justa e, como consequência, um diagnóstico preciso. Ou seja, o resultado esperado. Por outro ponto de vista, o negativo, de que este distanciamento pode dificultar a veracidade das informações repassadas pelo público interno à consultoria e/ou alguma dificuldade de acesso às informações.

- Há também a opção "mesclada" ou "mix" de se contratar uma consultoria externa que atue com o "pessoal da casa" do Marketing. Esta pode ser uma boa solução que garante transparência e, principalmente, um bom fluxo de informação. Como em ambientes corporativos, egos e desconfianças são parceiros, pode eventualmente ocorrer atritos. De qualquer modo, a forma como se vai produzir um diagnóstico e depois se implantar um programa de Endomarketing depende da alta gestão. Eles, os gestores, são os balizadores dos processos e devem garantir que o trabalho flua da melhor maneira possível e que possa ser executado com excelência.

- Observação relevante: a empresa terceirizada contratada deve ter competência em desenvolvimento, execução e avaliação acima da empresa contratante.

AVALIAÇÃO INTERNA

(Diagnóstico)

PESQUISA INFORMAL

Vamos definir que o gestor usará o modo mix para implantar o Endomarketing. Ou seja, vai contratar uma empresa terceirizada para interagir com o pessoal de Marketing.

A consultoria vai avaliar os tópicos referentes à comunicação interna. Isso se faz indo em cada departamento, unidade, área, corredor, auditório, etc. Um *checklist* completo com fotos e anotações detalhadas deve compor este conteúdo para avaliar o nível e a qualidade do que já é feito em termos de C.I. na organização.

Esta parte deve ser feita pela consultoria externa acompanhada de um profissional de Marketing e Comunicação que conhece todos os lugares da empresa. A observação crítica com os detalhes é fundamental nesta etapa. É a base do que será feito a partir deste momento em todo o restante do processo.

PESQUISA FORMAL

Questionário aplicado aos funcionários para avaliar questões referentes à motivação, comunicação, imagem interna, imagem externa, gestão de recursos humanos, qualidade e produtividade.

As perguntas relativas à "Comunicação" e as perguntas às relativas à "Motivação" podem estar em questionários separadas ou juntas no mesmo questionário.

Caso estejam num só formulário, recomenda-se que as respostas sobre **COMUNICAÇÃO** sejam aplicadas antes de **MOTIVAÇÃO**. Ambas as pesquisas, formal e informal, se complementam para o resultado final.

SIGILO

A maior dificuldade da pesquisa formal é obter informações confiáveis do público interno. É absolutamente natural. Há o receio de as informações vazarem ou serem usadas contra eles. Conquistar confiança e garantir sigilo é essencial para o êxito no resultado final. Isso se consegue com planejamento e execução correta na aplicação dos questionários. Algumas dicas valiosas podem ajudar.

1 - O processo ser feito por empresa terceirizada, em especial elaboração do questionário. Isso dará mais confiança do sigilo e sobre a isenção das perguntas no conteúdo;

2 – Os questionários devem ser guardados em lugar seguro, de preferência fora da organização e apenas os responsáveis pela elaboração devem ter acesso;

3 – Cem por cento do público interno devem estar ciente e muito bem informado, para que não haja dúvida, de que apenas o relatório será apresentado aos gestores, sem os questionários em anexo;

4 – Se a empresa terceirizada optar por usar meios digitais como intranet ou e-mails para aplicar os questionários, é importante que os colaboradores confiem neste processo mais moderno e mais ágil; e as razões de usarem este meio e não o presencial;

5 – Um programa contínuo de Endomarketing deve ser realizado, ao menos, uma vez por ano.

OBS. Vale salientar que cada empresa tem sua própria dinâmica e esta depende do tamanho, do numero de funcionários, e principalmente, da cultura empresarial predominante.

2 - TABULAÇÃO, ANÁLISE DAS INFORMAÇÕES E RELATÓRIO FINAL

Após a primeira fase de aplicação dos questionários e da execução do diagnóstico, parte-se para segunda etapa que é tabulação dos dados coletados. Ou seja, "a digitação sistemática das informações de questionários, de tal forma que estas possam ser analisadas ou contabilizadas estatisticamente". Para quem quiser saber mais sobre esses procedimentos, sugiro a leitura do site:

https://rodrigomcs.wordpress.com/tag/tabulacao-de-questionarios/

O resultado desta tabulação e análise de dados resultará num Relatório Final que servirá de base para a Tomada de Decisão da alta gestão da empresa. Essas decisões dizem respeito à relação de problemas a serem resolvidos e de questões a serem melhoradas sobre os processos de comunicação e motivação.

Os tópicos do Relatório vão apontar os resultados do diagnóstico e com ele as propostas de melhoria, por ordem de prioridade, além de pré-orçamento geral de investimentos para essas melhorias. Cabe à gestão superior, a quem de fato tem poder de acontecer, seguir ou não as recomendações. Em alguns casos, a consultoria externa pode apresentar o relatório com as diretrizes e os gestores da empresa não a acatarem. Seja por resistência ideológica, seja por resistência financeira. A descrença nos efeitos positivos ou de investir em mudanças é mais comum do que podemos supor. Caso tudo corra bem, partimos para a terceira fase.

3 – PLANO DE AÇÃO

Nesta etapa, executam-se as decisões necessárias para melhorar a comunicação interna e a motivação dos colaboradores. O Plano de Ação precisa ser acompanhado de um cronograma de atividades, sob a supervisão dos responsáveis por coordenar as atividades.

Estas envolvem as necessidades de cada departamento que pode incluir: planos de carreira, cargos e salários; remanejar pessoas para locais adequados a cada aptidão; identificar talentos; traçar perfil de funcionário para a empresa e para cada departamento, com vistas às futuras seleções do R.H.; adequar os meios de comunicação e os conteúdos de mensagens com as necessidades e entendimentos do público interno, entre outras ações inerentes ao resultado do diagnóstico.

4 - CONTROLE E AVALIAÇÃO

A implantação do programa de Endomarketing necessita de acompanhamento constante. Avaliação sobre os resultados e a satisfação deve ser contínua, já que o programa também deve sê-lo.

O processo de Avaliação e Controle é feito em conjunto pela empresa contatada e pela contratante com pesquisas junto ao público interno que, nesse momento, terá diminuído as resistências e desconfianças (espera-se) sobre o programa de Endomarketing aplicado. Esta etapa deve conter os indicadores de desempenho, as pessoas responsáveis pela avaliação e o tempo/prazo para a avaliação.

5 – Investimento

Não existe almoço grátis (*There is no free lunch*). O economista americano Milton Friedman a popularizou, ao usá-la na capa de um de seus livros. A origem, no entanto, remonta aos anos 1930/1940, quando os bares americanos do século 19 ofereciam refeição grátis para os clientes que consumissem bebidas.

Da mesma forma, um programa corporativo para a melhoria de práticas empresariais necessita de investimentos. Quanto custará o desenvolvimento e a implantação de todas as ações envolvidas no **Plano de Comunicação Interna e Endomarketing**? E, principalmente, como dimensionar o retorno efetivo em produtividade e lucro, mesmo que indireto, trará para a organização?

Não é simples responder a essas questões. O investimento de contratação vai depender da consultoria e do tamanho e números de funcionários da empresa, do tempo que vai durar a avaliação, diagnóstico e a continuidade do atendimento.

Por outro lado, tangibilizar resultados de forma monetária também não é simples. Depende mais da sensibilidade e acompanhamento dos gestores que atuam direto com os colaboradores do que a própria consultoria.

De qualquer modo, medir a produtividade pelo aumento de faturamento nos meses seguintes, pode ser uma avaliação arriscada e até injusta. Há diversos fatores externos como economia, sazonalidade, fenômenos naturais, entre outros fatores, a depender do tipo de produto ou serviço oferecido ao mercado, que age sobre a empresa, além do público interno.

Bibliografia

BRUM; Analisa de Medeiros. "Endomarketing estratégico: cmo transformar líderes em comunicadores e empregados em seguidores". Ed. Integraf business, SP, 2017.

BRUM; Analisa de Medeiros. Endomarketing de A a Z: como alinhar o pensamento das pessoas à estrat'gia da empresa". Ed. Integraf business, SP

ROCHA, Telma; **GOLDSHMIDT**, Andrea. "Gestão de stakeholders: como gerenciar o relacionamento e a comunicação entre a empresa e seus públicos de interesse. Ed. Saraiva, SP, 2017.

TAVARES, Maurício. "Comunicação empresarial e planos de comunicação: integrando prática e teoria". Ed. Atlas, SP, 2010.

MATTOSO; Arnaud. "Comunicação e Marketing para bons negócios". Vedas edições, Recife, 2018

FAÇA CONTATO:

vedasedicoesprime@gmail.com

vedasedicoes.com.br

www.ingramcontent.com/pod-product-compliance
Lightning Source LLC
Chambersburg PA
CBHW031531210526
45463CB00010B/1907